*„Für meine Lena und
Ihre grosse Leidenschaft"*
P.R.

Der kleine Koch
- Der goldene Grättimann -

Kapitel 1 Mein Name ist Karl

Mein Name ist Karl. Ich bin in diesem April 10 Jahre alt geworden und stehe somit mit beiden Füssen voll im Leben. Ich gehe in die 5. Klasse und wurstle mich da, ohne gross auf- oder abzufallen, so durch. Mein Lieblingslehrer Herr Müller und meine beiden besten Freunde Eugen und Egon nennen mich Karl, alle anderen nennen mich Karli, was mir gar nicht gefällt. Schon oft fragte ich mich, in welchem Wahn meine Eltern auf die Idee kamen, mich Karl zu nennen. Aber diese Frage konnte mir bis jetzt noch keiner beantworten. Heute heisst doch kein Mensch mehr Karl, höchstens die Braunbären im Zoo oder der grosse Stier vom Bauern Meier. Mein einziger Trost ist Karl der Grosse, den wir vor noch nicht allzu langer Zeit in der Schule bei unserer Geschichtslehrerin Frau Dr. Max behandelten. Aber dies ist im täglichen Schulwahnsinn auch nur ein kleiner Trost.

Dazu haben mir meine Eltern auch noch eine kleine Schwester beschert. Eva nennen sie dieses kleine Monster. Nein ganz ehrlich, sie kann ganz nett sein und manchmal, aber wirklich nur manchmal, können wir ganz toll zusammen spielen. Evas grösstes Hobby ist im Moment mich zu verpetzen. Kaum habe ich eines meiner nicht übertriebenen 1000 Ämtchen Zuhause nicht ganz perfekt erfüllt, petzt sie es sofort unserer Mutter. Diese mutiert dann umgehend zu einem gefährlichen, fleischfressenden Drachen und speit Feuer. Dies muss wohl auch der Grund unserer Erderwärmung sein, von welcher uns Lehrer Müller letzte Woche erzählt hat. Dann verstecke ich mich oft unter meinem Bett, um der Gefahr einer massiven Verbrennung zu entgehen. Meine Mutter hat nach einer etwas längeren Babypause erst vor einem Jahr wieder angefangen zu Arbeiten. Nun arbeitet sie wieder im Spital als Pflegerin von älteren Menschen, die oft gar nicht wissen, dass sie überhaupt im Spital sind. Ganz komisch, aber das muss ich noch nicht verstehen sagt meine Mutter. Oft muss sie auch abends und an den Wochenenden arbeiten, da ihre Kinder, also Eva und ich, ja schon grösser seien als die Kinder ihrer Kolleginnen, meint ihr Chef.

Tja und da wäre noch mein Vater, ein eigentlich herausragender, mehrfach diplomierter Maschinenmechaniker, in der Agrarbranche wie er immer so schön sagt. Kurz gesagt, hat er den Bauern ihre großartigen Traktoren repariert. Voll cool. Ich durfte da oft mit und mich auf diese riesigen grünen John Deere Giganten setzen. Seit drei Jahren verkauft er aber nun Staubsauger. Er sagt zum Spass oft, seit jeder Laden Milch verkauft braucht es nicht mehr so viele Bauern und darum hat er seinen erlernten Job nicht mehr. Ich glaube Staubsauger verkaufen macht ihm keinen Spass, er muss oft für mehrere Tage weg an Messen, sogar in fremde Länder! Seither lacht er nicht mehr so viel und seine Traktorensammlung ist verstaubt. Und nun trifft es sich halt immer mal wieder, dass Eva und ich allein sind. Letztes Jahr noch durften wir immer zu meinen Grosseltern zum Übernachten. Das war total cool, sie sind die allerbesten Grosseltern der Welt!

Jetzt sind sie aber auf ihrer Weltreise und der 17-jährige Junior-Drache Jessica aus dem 5. Stock hütet uns deshalb immer öfters. Jessica ist in einer Ausbildung als Friseurin, obwohl ich mir das nicht so ganz vorstellen kann mit all den glänzenden Metallnägeln, die sie im Gesicht hat. Für was das gut ist, habe ich noch nicht richtig verstanden, ob es wohl in Richtung chinesischer Medizin oder Voodoo geht?
Dazu sind ihre beiden Arme so bemalt, dass gar keine Haut mehr sichtbar ist, welche im Sommer Sonnenbrand bekommen könnte. Es sieht ein wenig aus wie die Schnittmuster, welche meine Grossmutter hat. Aber nähen kann Jessica nicht, sonst würde sie ja die Löcher in ihren Hosen flicken. Das muss den Leuten, die freiwillig in diesen Friseursalon gehen, doch Angst machen? Eva hatte es aber gut mit Ihr, sie sind ja auch beides Mädchen. Ich glaube Jungs mag sie gar nicht, immer muss ich aufräumen, abwaschen und darf nie die Fernsehsendungen bestimmen. Meine Freunde Egon und Eugen meinen sie sei eine praktizierende Feministin, aber was dies genau sein soll, wissen die beiden selbst nicht.

Um neun Uhr abends müssen wir dann auch immer im Bett sein. Dann hängt sie nur noch an ihrem rosafarbenen Telefon, mit ihren silbernen Ohrenstöpseln, redet und kichert. Wahrscheinlich redet sie mit sich selbst, denn andere Menschen hört man keine reden. Meine Mutter sagt, mit sich selbst reden ist eine ernste Krankheit. Wahrscheinlich wird uns Jessica darum nicht mehr lange hüten können, sie muss wohl für längere Zeit zur Behandlung in ein Krankenhaus gehen. Mein Freund Eugen darf am Wochenende schon bis zehn Uhr fernsehen und Egons Mutter sagt schon gar nichts mehr zu ihm.

Wir wohnen in Steinhausen, eine kleine Ortschaft irgendwo im Nirgendwo. Immerhin haben wir aber schon einen Wellnesstempel, ein Fitnessstudio, ein Kino, drei Schulen mit Kindergärten, allerlei kleine Läden und ganz neu: zwei grosse Einkaufszentren. Mein Vater ist hier aufgewachsen und meine Mutter «musste» darum hierherziehen. Seine Eltern, also meine Grosseltern, sind schliesslich stolze Besitzer des besten Restaurants hier weit und breit. Meine Mutter sagt immer, hätte ein kluger Mann im Mittelalter nicht entdeckt, dass die Erde rund sei und nicht eine Scheibe, so wäre Steinhausen gar nie entdeckt worden.

Kapitel 2 Das Goldene Huhn

Meine beiden Grosseltern liebte ich über Alles. Wir durften bis vor einem Jahr immer die Wochenenden bei ihnen verbringen. Ich habe dort sogar mein erstes, und einziges, Geld verdient. Ich half meinem Grossvater in seiner grossen Küche beim Kochen. Seine Spezialität waren Cordon Bleus. Er hatte eine Karte mit über 20 verschiedenen Sorten davon. Die Gäste kamen von weit her, um Grossvaters Cordon Bleus zu geniessen. Meinen Grosseltern und davor ihre Eltern, Grosseltern, Urgrosseltern, Ur-Urgrosseltern, Ur-Ur-Urgrosseltern und so weiter mit den Urs......sie hatten seit Generationen, so wurde jedenfalls erzählt, das Restaurant zum Goldenen Huhn. Das Goldene Huhn war über dem Eingang in Lebensgrösse aufgehängt. So wie es immer glänzt muss es aus purem Gold sein. Mein Grossvater muss also ein sehr reicher Mann sein. Vielleicht würden wir dies auch mal werden. Aber meine Eltern haben leider im Moment gar kein Interesse an einem Restaurant.

Wenn am Nachmittag die Sonne direkt auf das Huhn scheint, so sieht man es schon von ganz weit her. Gegen Abend bekommt es so einen schönen rot glänzenden Schimmer, so feuerrot als ob es brennt, wunderschön. Das riesige Haus meiner Grosseltern liegt etwas abseits von Steinhausen, direkt am Waldrand. Es führt eine schmale, alte, mit Steinen gepflasterte Strasse dorthin. Neben dem grossen Parkplatz liegt ein schöner Weiher, den meine Grossmutter täglich pflegte. Es hat jede Menge Frösche, Salamander und Molche darin. Im Sommer kurven viele bunte Libellen um den Weiher. Wenn ich mit Eva dort übernachten durfte, so hörten wir das Quaken der Frösche bis spät in die Nacht. Meine Grosseltern wohnten direkt über dem Restaurant. Und mitten im Restaurant ist ein grosser Kamin mit einem Feuer, das immer abends brannte und so eine schöne, romantische Stimmung machte. Wahrscheinlich kamen darum auch ganz viele Liebespaare zu meinen Grosseltern essen. Und alle waren sie glücklich dort und lobten das feine Essen und meine Grosseltern. Es ist für mich schon immer ein magischer Ort, dieses Goldene Huhn. Grossvater konnte stundenlang Geschichten darüber erzählen. Einmal war sogar Napoleon dort und hat mit seinen Offizieren gespeist. Natürlich Cordon bleu. Darum hiess auch ein Cordon bleu heute noch Napoleon. Nach einer Übernachtung zog er dann weiter und hätte sogleich die nächste Schlacht gewonnen. Auch viele Philosophen und Dichter sind dort gewesen und haben danach ihre grossen Werke verfasst. Also ein wirklich magischer Ort. Ich war sehr gerne dort und umso mehr vermisse ich meine Grosseltern nun. Mein Grossvater kochte immer wieder mit mir zusammen, auch an seinen Freitagen lernte er mir das Überleben ohne Eltern Daheim. Mein Lieblingsgericht sind Älplermagronen. Die konnte ich schon besser zubereiten als meine Grossmutter, sagte Grossvater. Mit meiner Grossmutter backte ich viele Kuchen und Wähen. Und immer alles frisch, mit Früchten vom eigenen Garten. Das war die zweite Leidenschaft meiner Grossmutter, direkt nach dem Weiher. Im Goldenen Huhn war es immer sehr toll und ich lernte die Leidenschaft meiner Grosseltern in der Küche beim Kochen und Backen. Es war so schön! Und nun? Nun bekomme ich seit bald einem Jahr nur noch Karten von ihnen, alle paar Wochen eine Neue. Die letzte kam von den Fidschi-Inseln. Wo auch immer das ist. Davor bekam ich Karten aus Australien, aus Neuseeland, sogar aus Grönland und Island kamen schon Karten. Immer mit ganz schönen Landschaften. Ach, wie sehr ich sie doch vermisse.

Kapitel 3 Das Geheimnis der alten Holzschachtel

Bevor meine Grosseltern aber abreisten, überreichten sie mir noch eine kleine, uralte Holzschachtel. Sie musste schon sehr alt sein, so abgenutzt wie sie aussah, und auf dem Deckel war mit hellem Holz irgendein Zeichen eingelegt. Es sah ein wenig aus wie ein Huhn. Grossvater sagte mir, das Kästchen sei schon seit Generationen im Familienbesitz. Es sei nun ein Geschenk an mich, damit ich sie nie vergessen würde, solange sie auf Weltreise seien. Ich machte sie umgehend auf und darin war…ein alter Schlüssel? Was ist denn das, dachte ich mir? Das ist der Schlüssel zum Goldenen Huhn. Nur Du hast nun den Schlüssel dafür, sagte mein Grossvater stolz. Aber wieso lasst ihr das Restaurant denn nicht offen und stellt einen guten Koch an. Meine Grosseltern sagten aber, sie hätten dem goldenen Huhn versprochen das Restaurant nie in fremde Hände zu geben. Meine Grosseltern waren manchmal etwas komisch und sagten Dinge, die ich nicht verstand. Ich darf aber nur allein dorthin und auf keinen Fall jemanden mitnehmen. Es soll ein Ort sein nur für mich, falls ich mal Ruhe brauche und Kraft tanken müsse. So geschehen, fuhr ich alle zwei Wochen mit dem Velo dorthin und schlenderte durch die Räume und die Küche. Es war immer sehr sauber, obwohl ich wusste das meine Grosseltern keine Putzfrau angestellt hatten, die während ihrer Weltreise zum rechten schaute. Natürlich habe ich meinen Grosseltern hoch und heilig versprochen immer allein zum Goldenen Huhn zu gehen. Tja, das hielt ich eigentlich ja auch ein, mit mir kam nur mein Bonaffi. Ja mein Bonaffi, das würden sie sicher verstehen. Er wusste ja auch alles von mir, sind wir doch seit über 8 Jahren immer zusammen unterwegs.

Mein Bonaffi hatte ich zum zweiten Geburtstag von meiner Grossmutter geschenkt bekommen. Leider wusste ich dazumal keinen tollen Namen für meinen hellbraunen Teddybär und so schlug meine Mutter diesen Namen vor. «Bär ohne Namen aber Freunde für immer», kurz Bonaffi. Seit seinem letzten Kampf mit unserem faulen Kater Fred, hat er ein braunes und ein blaues Auge. Fred hat ihm nämlich eines seiner schönen blauen Augen herausgerissen. Und da ich so fest weinen musste, nähte meine Mutter kurzerhand ein neues Auge an Bonaffi, leider hatte sie kein Blaues. Aber das macht Bonaffi nun so speziell, sagt meine Mutter. Und alles was speziell ist, findet meine Mutter sowieso super. Auch wir Kinder sollen bedacht sein, immer speziell zu sein und nicht mit der Masse zu schwimmen, leider begreife ich diesen Satz noch nicht ganz. Aber das kommt schon noch, sagt meine Mutter mir immer wieder. Im Schwimmen gehöre ich in der Schule schon zu den Besten. Immer wenn ich mit Bonaffi im Goldenen Huhn bin, scheint er sehr glücklich zu sein, ja manchmal habe ich sogar das Gefühl er würde mir zuzwinkern. Pure Einbildung oder vielleicht ist dies wegen der Sonne, die so schön durch die Fenster scheint. Tja, nun ist es schon wieder sechs Uhr und ich muss nach Hause, ehe meine Eltern sämtliche Blaulichtorganisationen aufbieten, um mich zu suchen.

Kapitel 4 Wochenenddienst

Heute hat meine Mutter wieder mal Wochenenddienst. Ihre Kollegin Jasmin ist schwanger und bleibt deshalb öfters krank zuhause. Sie muss sich viel übergeben, pfui. Ich gab meiner Mutter den Tipp, ihr doch mal zu sagen sie solle besser auf die Haltbarkeitsdaten des Essens schauen oder ihre Ernährung halt komplett umstellen. Ich hoffe Jasmin ist nicht ernsthaft krank, jetzt wo sie selbst Mutter wird. Meine Mutter hat sie sehr gerne und vor der Schwangerschaft sind die beiden oft zusammen fort gegangen. Jeden Dienstagabend gehen sie zusammen in dieses Zeitlupenturnen und mein Vater hat da seinen Kegelabend mit seinen Freuden. Danach riecht er immer so stark nach Bier. Pfui! Eva weigert sich dann drei Tage lang ihm einen Kuss zu geben. Am Dienstag dürfen, vielleicht dürfen wir auch nicht wirklich, auf jeden Fall schauen wir, dann immer Fernsehen bis viertel vor zehn Uhr nachts. Um zehn Uhr ist dann pünktlich wie eine Kirchenuhr meine Mutter zuhause und wir zwei «kleinen» Kinder schlafen dann zu ihrer Zufriedenheit schon ganz tief und fest.

Heute ist aber nun wieder einer der berühmten Samstagabende, an denen uns unser Vater hüten muss, oder darf. Das Chaos fängt schon an beim Tisch aufdecken. Er hat keine Ahnung, was wo in der Küche verstaut ist. Er behauptet dann immer, unsere Mutter hat die ganz Küche neu eingeräumt und alles umgestellt. Beim Kochen gibt es in seinem Repertoire nur eins, und das ist sein sagenumworbener Wurstsalat mit Käse und hartgekochten Eiern. Natürlich ist er auch essbar, es ist feste Nahrung sagt Eva immer, mehr aber auch nicht. Ich ziehe dann immer meine Kochschürze an, welche ich zum achten Geburtstag von meinen Grosseltern bekommen habe.
Darauf sind zwei goldene Kochlöffel eingestickt und wer hätte es gedacht... ein Goldenes Huhn. Ebenfalls rote Spritzer von einer frischen Tomatensauce, gelbe von meiner himmlischen Currysauce und grüne von frischem, gekochten Rahmspinat. Heute Abend muss ich mal wieder kochen. Mein Vater ist in 2 Sekunden überredet auf seinen Wurstsalat zu verzichten und übergibt mir die Küche kampflos. Mein Lieblingsgericht sind ja Älplermagronen, und weil ich die Kartoffeln nicht gerne habe, die Indianer hätten diese Knolle lieber bei sich behalten, ersetze ich diese einfach mit Süsskartoffeln. Das gibt meinen Magronen auch noch ein bisschen mehr Farbe. Sogar Eva schmeckt mein Magronen-Eintopf mit viel Rahm, goldbraunen Zwiebelringen und feinen Schinkenstreifen. Das Rezept dafür ist natürlich von meinem Grossvater. Dazu jede Menge geriebener Käse, am besten einer der so richtig lange Fäden zieht. Dann kann mein Vater wieder sein ganzes Hemd verkleckern und schämt sich dafür. Damit wir dann meiner Mutter nichts sagen gibts immer eine grosse Schachtel Schokoladenkekse als Nachtisch. Das Abräumen muss Eva machen und die Geschirrmaschine dann wieder ich anschalten. Die ist für meinen Vater wohl auch zu anspruchsvoll in der Bedienung. Danach zwingt uns unser Vater dann noch ein Spiel auf, in dem wir die Regeln nach Belieben erklären dürfen. Die Spielanleitung zu lesen ist meinem Vater zu anstrengend und so glaubt er uns jeden Mist, den wir ihm erzählen. Bei den Spielen hat er dann auch nie den Hauch einer Chance auf einen Sieg. Deswegen ist dann nach spätestens drei Runden auch schon wieder Schluss. Im Großen und Ganzen lieben wir diese Abende mit unserem Vater aber sehr.

Kapitel 5 Herbstferien

Schon ist wieder diese furchtbare Herbstferienzeit. Es ist so langweilig. Draussen ist oft schlechtes Wetter, es regnet wie aus Spritzkannen. Ich habe unseren Pfarrer mal danach gefragt, aber er hat behauptet Petrus hätte keine Kannen im Himmel. Egal, irgendwo kommt das Wasser her. Egon aus dem Stock direkt über uns hat oft keine Zeit für mich, da in den Ferien immer eine Tante aus Amerika bei ihnen zu Besuch ist. Er behauptet sein Vater sei Jäger und müsse die ganz Zeit in Afrika Einheimische vor wilden Tieren beschützen. Ich hoffe für Egon sein Vater ist gut als Jäger und ihm passiert im wilden Afrika nichts. Afrika haben wir in der Schule schon durchgenommen. Wirklich ein gefährliches Land mit riesigen Tieren. Meine Mutter hörte ich vor Jahren mal abends zu meinem Vater sagen, Egons Vater sei mit einer Jüngeren durchgebrannt. Keine Ahnung was sie da meinte, aber ich denke er hat sich nicht gross verbrannt, sonst wäre er ja nicht nach Afrika gereist, sondern zu uns ins Krankenhaus gekommen. Aber bei den Temperaturen in Afrika könnte ich mir es schon vorstellen, dass die Leute da durchbrennen oder so was ähnliches.

Eugen aus dem 10. Stock, ja er hat die beste Aussicht von uns allen, ist jede Ferien mit seinen Eltern und seinen zwei grossen Brüdern am Reisen. Sein Vater arbeitet auf einer Bank und darum haben sie auch sehr viel Geld. Eugen kommt immer mit Markenkleidern in die Schule. Oft mit diesen farbigen Poloshirts mit den grünen Tieren drauf. Aber er wird deshalb auch oft gehänselt, bis seine zwei grossen Brüder einschreiten und für Frieden sorgen. Seine Familie ist aber total in Ordnung und sehr lieb. Seine Mutter ist immer zuhause und macht uns immer ein übertrieben grosses Zvieri mit verschiedenen Keksen, Schokolade, geschnittenen Früchten und ihrem selbstgemachten Eistee, wenn wir zu Dritt bei ihm spielen oder lernen am Nachmittag. Und nun sind Alle nicht hier, um zu spielen.

Eva ist eine Woche bei Ihrer Patentante zu Besuch und meine Grosseltern ja immer noch auf ihrer Weltreise. Meine Eltern müssen arbeiten, weil beide schon im Sommer drei Wochen Ferien hatten. Mein Vater ist für drei Tage in Mailand an einer Messe für Haushaltsgeräte, keine Ahnung was er da machen muss, er erzählt uns nie viel über seine Arbeit im Staubsauger-Weltmarkt. Meine Mutter kommt aber abends heim.

Da fällt es mir plötzlich wie Schuppen von den Augen. Auch so ein doofer Erwachsenenspruch, Schuppen auf den Augen. Pfui! Es ist der 10.10. Das ist nicht irgendein Datum, sondern der Geburtstag meiner Mutter. Sie hätte bestimmt Freude an einem selbstgebackenen Kuchen. Einen mit Nüssen, Schokowürfeln und viel Schokoladenglasur, so wie es meine Grossmutter immer machte. Also suche ich meine wasserfeste Regenjacke und sattele mein Fahrrad, um ins Goldene Huhn zu fahren.

Der Weg zum Restaurant meiner Grosseltern ist mir noch nie so lange vorgekommen. Heftige Sturmböen wollen mich unter allen Umständen daran hindern meiner Mutter ihren wohlverdienten Geburtstagskuchen zu backen. Regen peitscht mir ins Gesicht. Ich habe das Gefühl der Regen kommt von oben, von unten und von allen möglichen Seiten auf mich zu. Nach gefühlten vier bis fünf Stunden im Regen komme ich dann endlich in die schöne Eichenallee vor dem Goldenen Huhn. Noch hundert Meter und dann ist die langersehnte Trockenheit in Sicht. Wau, es ist ein großartiges Gefühl den alten Schlüssel ins Schloss der alten Eichenholztüre zu schieben und nach links zu drehen. Die schwere Eichentür zum Huhn schwingt langsam und quietschend auf. Endlich im Trockenen. Zuerst gehe ich hoch in die Wohnung meiner Grosseltern und suche mir was Trockenes zum Anziehen. Zum Glück haben wir immer ein paar Kleider hier aus der Zeit als wir noch hier Übernachten durften, bevor die grosse Weltreise anfing. Danach gehe ich runter ins Restaurant, da bemerke ich erst, dass ich Bonaffi nicht mehr bei mir habe. Wo habe ich ihn wohl hingelegt? Nachdem ich das ganze Restaurant und die Wohnung erfolglos abgesucht habe, gehe ich in die Küche. Meine Mission ist es den Kuchen zu backen. Da verschlägt es mir die Sprache, es muss jemand hier sein ausser mir!

Da liegt Bonaffi neben einem Berg Zutaten. Es sind Nüsse da, Zucker, Eier, Vanilleschoten, dunkle Schokolade und noch viel mehr. Und direkt neben Bonaffi liegt Grossmutters grosses altes Backbuch mit dem aufgeschlagenen Rezept ihres feinen Schokoladenkuchens, den ich backen möchte. Ist meine Grossmutter zurück? Wieder suche ich das ganze Haus von oben bis unten ab, und das Haus ist wirklich nicht klein! Keller, Restaurant, Wohnung, Estrich, ich rufe und suche, doch ich finde keine einzige Spur meiner Grosseltern. Also gebe ich die Suche erneut auf und gehe zurück in die schöne, saubere Küche, um meinen Kuchen zu backen. Es macht mir unendlich Spass und ich erinnere mich so sehr an das Backen mit meiner Grossmutter. Ich muss immer wieder lachen.

Als der Kuchen dann gebacken, ausgekühlt und mit Schokoladenglasur überzogen ist, schaue ich aus dem Fenster. Die Sonne scheint wieder und es ist traumhaftes Wetter draussen. Leider ist es schon fünf Uhr abends und meine Mutter will doch um sechs Uhr zu Hause sein. Also packe ich den Kuchen ein und machte mich, ohne aufzuräumen sofort auf den Heimweg. Ich nehme mir ganz fest vor am nächsten Tag nochmals ins Goldene Huhn zu gehen und alles wieder auf Hochglanz zu polieren. Es wird bestimmt nicht weglaufen bis morgen, und stehlen wird wohl auch keiner mein schmutziges Geschirr. Also mit Vollgas aufs Fahrrad und in die Pedale treten. Schliesslich möchte ich ja vor meiner Mutter zuhause sein.

Geschafft, ich bin genau 15 Minuten vor meiner Mutter Daheim und kann sie mit dem Kuchen und einem geschmückten Wohnzimmer überraschen. So wie sie es immer für Eva und mich am Abend vor unseren Geburtstagen dekoriert, damit wir am Morgen mit grossen, strahlenden Augen im Wohnzimmer stehen und in einen wunderbaren Tag starten. Sie hat eine riesige Freude und hat nach einem sehr anstrengenden Arbeitstag nicht damit gerechnet. Der Kuchen schmeckt himmlisch, lobt mich meine Mutter. Sie fragt, wann und wo ich ihn gebacken hätte und mit welchem Geld ich die ganzen Zutaten gekauft hätte. Dies ist mein Geheimnis, sage ich. Meine Mutter bohrt danach auch nicht weiter und geniesst den Abend mit mir in vollen Zügen. Wir singen zusammen und machen Spiele bis tief in die Nacht. Eva und mein Vater rufen per Telefon auch noch an und gratulieren meiner Mutter. Und spät in der Nacht telefonieren sogar meine Grosseltern per Videoschaltung mit meiner Mutter. Wir haben gerade Tag bei uns und sind auf Samoa, sagen sie. Im Hintergrund sieht man auch grosse Palmen voller Kokosnüsse, einen weissen Sandstrand und ganz viel Meer. Mein Grossvater trinkt gerade durch einen Strohhalm aus einer grossen Kokosnuss. Herrlich denke ich. Meine Mutter erzählt ihnen von ihrem Tag und schwärmt von meinem Kuchen. Als sie kurz wegschaut, zwinkern meine Grosseltern mir beide gleichzeitig zu. Ich glaube sie wissen genau, wo ich diesen Kuchen gebacken habe. Und ich spüre, dass sie beide Stolz auf mich sind. Danach spielen wir noch bis tief in die Nacht und gehen kurz vor Mitternacht ins Bett.

Kapitel 6 Der Morgen danach

Am nächsten Morgen schlafen wir beide bis um zehn Uhr aus. Meine Mutter hat den ganzen Tag frei und will ihn mit mir zusammen geniessen. Ich freute mich riesig darauf. Zuerst mache ich für uns beide frische Pancakes, natürlich nach dem Rezept meiner Grossmutter. Das Rezept hat meine Grossmutter von einer amerikanischen Präsidentengattin höchstpersönlich bekommen. Das Präsidentenpaar übernachtete auf ihrer Europareise eine Nacht im Goldenen Huhn. Und am Morgen hat die First Lady dann mit meiner Grossmutter zusammen Pancakes gemacht. Diese Pancakes schmecken genial, vor allem mit dem feinen Honig von Müllers Bienen. Herr Müller ist unser Zeichnungslehrer und sein grosses Hobby sind seine Bienen. Wir durften im Sommer mal seine Bienenvölker ansehen gehen, und den Honig ganz frisch probieren. Himmlisch.

Er hat ganz viele farbige Holzkisten, um die es nur so von Bienen summt. Er hat über 50 Bienenvölker und er kann darüber locker zwei Stunden reden, ohne einmal Luft zu holen oder einen Punkt zu setzen. Und da mein Vater als Kind mit Herrn Müller in die Schule ging, kauft er immer mal wieder von Müllers Landblütenhonig. Und ja, er ist wirklich sehr fein. Vor allen auf einem frischen, warmen Toast oder eben auf den frischen Pancakes.

Danach geht meine Mutter mit mir und Bonaffi in den Zoo, wo wir allerlei Tiere sehen. Bonaffi und ich haben am meisten Freude im Bärenhaus. Bonaffis Kollegen in Echt sind riesengross und so richtig süss. Sie purzeln über grossen Matten voller Stroh und spielen mit farbigen Bällen. Bonaffi hat grosse Freude, ich habe das Gefühl er hat ein richtig breites Grinsen in seinem Gesicht. Danach bekomme ich von meiner Mutter noch ein grosses Vanille-Himbeereis mit Schokostreusel und dann fängt es leider auch schon an dunkel zu werden. Auf der Heimfahrt holen wir noch meinen Vater beim Hauptbahnhof ab. Er ist todmüde, denn der Zug aus Mailand hatte zehn Stunden und mein Vater musste fünf mal umsteigen bis der Zug Steinhausen dann endlich doch noch gefunden hat. Eva wird von Ihrer Patentante um acht Uhr abends zu uns nach Hause gebracht und nach einer kleinen, kalten Platte gehen wir alle schon bald ins Bett und schlafen friedlich ein. Diese Nacht träume ich von grossartigen Abenteuern, die ich mit Bonaffi auf einer Reise quer durch das noch unerforschte Afrika erlebe. Das Geschirr zum Abwaschen in der Küche im Goldenen Huhn habe ich total vergessen. Also gehe ich am nächsten Tag beim ersten Sonnenschein direkt ins Goldene Huhn. Hoffentlich riecht es noch nicht so schlimm. In der Küche angekommen traue ich meinen Augen nicht! Nichts von Schimmelsporen, keine Pilzzucht in den schmutzigen Schüsseln, keine wilden Tiere die meine Schüsseln auslecken. Gar nichts dergleichen. Nein, jemand hat offenbar alles abgewaschen und versorgt. Aber wer? Ich gebe auf dies zu begreifen, schliesse die Eichentür extra zweimal hinter mir ab und fahre nach Hause.

Kapitel 7 Der 5. Dezember

Die Tage und Nächte vergehen wie im Flug und schon ist es Dezember. Um sechs Uhr abends ist es bereits dunkel und bei uns in Steinhausen fiel vor ein paar Tagen sogar der erste Schnee. Vater meint 50 cm in der Breite. Aber das ist egal, es reicht aus für den ersten kleinen Schneemann mit Karottennase und die erste Schneeballschlacht in der Schule. In der Zwischenzeit bin ich immer mal wieder nach der Schule im Goldenen Huhn, um Hausaufgaben zu machen oder auch mal einfach um einen Film zu schauen, auf dem schönen, grossen Fernseher. Meine Eltern sind wie immer sehr beschäftigt und haben kaum Zeit für Eva und mich. Bei meinem Vater fängt das grosse Weihnachtsgeschäft an, bei dem ganz kreative Männer ihren geliebten Frauen den neusten Staubsauger kaufen, was meine Mutter so richtig doof findet. Aber schlussendlich lebt Vater davon.

Am Donnerstagabend, genau am 5. Dezember gehe ich wieder mal einen Film schauen bei meinen Grosseltern auf dem grossen Fernseher im Restaurant. Ich muss kurz eingenickt sein, denn es ist schon sehr dunkel draussen, als ich durch ein Poltern plötzlich wach werde. Was ist das? Donner? Ein Unwetter? Ich hört nichts mehr. Habe ich da was geträumt oder war es im Film? Der ist allerdings bereits fertig und es laufen im Moment nur noch Millionen Ameisen über die Bildfläche. Tok tok tok, da ist es wieder, es muss von der schweren Eichentüre am Eingang kommen. Langsam laufe ich Richtung Türe, sind es meine Eltern, die mich suchen? Abrupt bleibe ich stehen, da ist ein riesiger Schatten, den ich durch das gefärbte Glas in der Türe sehe. Es muss ein Monster sein. Zum Glück ist da noch ein Gitter vor dem Glas, aber was soll ich bloss tun? Hat mich dieses gigantisch grosse Monster bereits gesehen? Mir kommen wilde Gedanken von kinderfressenden Riesen, feuerspeienden, dreiköpfigen Drachen und giftspuckenden Trollen. Ich bin gelähmt und auf einmal ist mein Kopf leer. Was nun? Da klopft der Riese nochmals mit der ganzen Kraft seiner riesigen Pranken gegen die Türe. Hoffentlich hält die Türe und gibt nicht nach, sonst bin ich verloren. Plötzlich wird der Schatten kleiner, der Riese muss abgesessen sein. Totenstille....und plötzlich höre ich da ein neues Geräusch. Es tönt, als ob da draussen Eva sitzt und anfängt zu weinen. Aber Riesen weinen doch nicht, oder? Ich gehe langsam Schritt für Schritt auf Zehenspitzen in Richtung der Türe. Nun höre ich es ganz klar, da weint jemand. Als ich bei der Türe ankomme, höre ich Weinen und schluchzen, da muss es jemandem ganz schlecht gehen. Aber was soll ich bloss tun, ich habe immer noch grosse Angst, vielleicht ist es ja nur eine Täuschung des Riesen, um an mein zartes Kinderfleisch zu kommen? Ich packe all meinen Mut zusammen und rufe durch die Türe. «Wer ist da?» Da wird es still und das Weinen verstummt einen Moment. «Ich bin der Nikolaus», sagt der Riese ruhig und erstaunt. Haha, der Nikolaus, den gibt es ja gar nicht, nun hat sich das Monster aber verraten! Cool sage ich ihm, dass der Nikolaus nur in Büchern existiert und ich bestimmt nicht so doof bin und ihm aufmachen werde. Ich werde die Polizei rufen, sollte der Riese nicht sofort von dem Goldenen Huhn weggehen.

Da fängt es draussen wieder an zu Weinen. Was ist nun schon wieder? «Ich brauche deine Hilfe lieber, kleiner Karl». Wieso weiss er meinen Namen? «Dein Grossvater hat mir vor 34 Jahren schon einmal aus der Patsche geholfen und nun brauch ich seine Hilfe wieder. Es wird sonst morgen ein ganz trauriger Tag werden für alle Kinder hier in Steinhausen». «Aber meine Grosseltern sind doch gar nicht hier, die sind seit Monaten auf Weltreise, und wieso weisst du wer ich bin?», frage ich ihn. «Dein lieber Grossvater hat mir immer von dir erzählt und dass du der Einzige sein wirst, der das Geheimnis des goldenen Huhns jemals von ihm erfahren wird. Also musst Du Karl sein, sonst wärst du ja jetzt nicht allein hier», meint der Fremde. Wieso wusste er, dass ich alleine bin? Und was war das für ein Geheimnis? Soll ich doch die Türe öffnen? «Angenommen in bin Karl, wieso soll ich dich hereinlassen?» - «Ganz einfach, weil auch du an den Nikolaus glaubst, ganz tief in dir drin. Auch du freust dich jetzt schon auf die feinen Grättimänner die morgen beim Frühstück auf eurem Tisch liegen werden». Und da fängt der Riese schon wieder an zu Weinen. Ohje...was nun.

Ich nehme all meinen Mut zusammen und drehe langsam den Schlüssel der schweren Eichentüre, ganz langsam drücke ich die Türklinke nach unten und ziehe die Türe einen Spalt breit auf. Da steht der Riese auf und tritt einen Schritt in meine Richtung. Nun habe ich verloren, ist mein erster Gedanke. Da sehe ich plötzlich, dass es ein ganz grosser Mann ist, mit rotem Gewand und weissem Bart, ähnlich wie die Bilder vom Nikolaus. Nur der dicke Bauch und die Rute fehlen. Auch Esel sehe ich keine. Also doch nur ein Kostüm? «Vielen, vielen Dank dass du mir helfen willst Karl», sagt der Mann und fügt hinzu: «Ich werde es dir nie vergessen!». «Wie oder was kann ich helfen? Ausserdem haben meine Grosseltern gesagt, ich darf nur allein hier sein!», frage ich bestimmt. «Aber Du bist ja nicht allein, dein Teddy Bonaffi ist doch auch hier», sagt der Fremde. «Wieso weisst du das?» möchte ich wissen. «Er hat es mir gesagt». «Was gesagt?» «Er sagte mir, dass du ein ganz toller Junge seist, der einfach im Moment grosse Angst hat, aber der schon so gut backen kann wie seine Grossmutter». So ein Schwachsinn, dachte ich. Märchenstunde im Goldenen Huhn! «Und wo und wann hat er das gesagt?» «Eben hier», sagt er und öffnet seine riesige Hand, und da liegt Bonaffi drin. Ich erkenne ihn sofort an seinen verschiedenen Augen, die hatte nur er. Jetzt verstehe ich die Welt nicht mehr. Was geschieht hier? «Darf ich reinkommen», fragt mich der Nikolaus mit seiner ganz ruhigen, tiefen Stimme. Und ich lasse ihn wortlos eintreten. Er setzt sich an den runden Holztisch mitten im Restaurant und legt seinen roten, dicken Mantel ab. «Ich erzähl Dir nun was mir alles passiert ist». Und mit einem tiefen Seufzer fängt er an zu erzählen.

Jedes Jahr in der Nacht vom 5. auf den 6. Dezember backt er mit seinen vielen Gehilfen im magischen Weihnachtswald tausende Grättimänner. Am frühen Morgen des 6. Dezember darf dann immer einer seiner Gehilfen mit ihm zusammen in die Wohnzimmer der Kinder diese verteilen gehen. In Steinhausen waren es letztes Jahr exakt 1291 Grättimänner. Also für 1291 Kinder, da waren wohl auch je einer für Eva und mich dabei. Die sind von dir, frage ich ungläubig. Meine Mutter erzählte uns immer die seien vom Nikolaus, aber das glaubten wir ihr nicht. Wir haben schon gesehen, dass sie die Schokoherzen, die neben den Grättimänner liegen, im Supermarkt kauft und diese dann eine Woche vor uns verstecken muss. «Schokolade bringe ich den Kindern keine», sagt der Nikolaus. «Das ist nicht gesund und alle Kinder bekommen ja sonst schon genug davon. Und nun hat uns im magischen Wald eine Grippe heimgesucht und fast alle meine treuen Helfer liegen mit Schnupfen und Husten im Bett. Ich wusste nicht mehr weiter und war so verzweifelt. Da kam mir dein Grossvater in den Sinn, er hat mir vor genau 34 Jahren schon einmal in der Not geholfen. Damals hatten wir im magischen Wald kurz vor dem 6. Dezember was Schlechtes gegessen und alle meine Helfer hatten tagelang Bauchweh». «Aber wie hat er dies gemacht? Er hatte doch nie Köche oder andere Hilfe in der Küche?» will ich von dem Fremden wissen. «Da täuschst du dich aber gewaltig. Wie mein magischer Wald ist auch dies ein magischer Ort hier. Das Goldene Huhn birgt schon seit Jahrhunderten viele Geheimnisse. Eines davon ist, dass das Haus lebt. Jawohl es lebt. Hast du denn nie komische Dinge hier drinnen erlebt?» Sofort kommt mir das Kuchenbacken in den Sinn. Alle Zutaten standen neben Bonaffi auf dem Küchentisch und das schmutzige Geschirr, welches ich im Stress stehen liess, war später weg! «Hast Du Deinen Grossvater je einmal einkaufen sehen?» Tja, ausser dem Gemüse aus dem eigenen Garten und dem Honig von Lehrer Müller, habe ich meine Grosseltern wirklich nie mit Lebensmitteln ins goldene Huhn laufen sehen, das war schon sehr komisch. Und auch die ganzen grossen Bankette und Festessen hat mein Grossvater immer allein gemacht. Ich war sprachlos. «Tja, ich bin sicher Bonaffi hilft uns die Grättimänner zu backen!», sagt der Mann. Mein Plüschbär? Nun zweifle ich langsam an diesem Mann im

Nikolauskostüm! Schade war mein Grossvater nicht hier und konnte hier alles aufklären. «Nun lieber Karl, müssen wir aber an die Arbeit, sonst sind in Steinhausen und in der ganzen Region viele Kinder morgen sehr unglücklich und verlieren ihren Glauben an mich. Also los!» fordert mich der Fremde auf. «Was kann ich tun?», frage ich ungläubig. «Du kannst schon mal das Mehl abmessen und in die grosse Knetmaschine kippen», sagt der Mann. Ich will soeben das Wort Mehl ungläubig in den Mund nehmen, da kommt eine grosse Metallkiste auf vier Rädchen in die Küche geschossen. Kaum zu glauben, darauf sitzt mein kleiner Bonaffi! Das gibt's doch nicht, für einen Moment habe ich das Gefühl, er würde mir mit dem blauen Auge zuzwinkern! Im selben Moment sagt Bonaffi mit einer zarten, feinen Stimme: «Komm Karl hilf uns mit dem Mehl abwiegen!» Ich bin starr vor Schock und bringe keinen Ton aus meinem Mund. «Bitte Hilf uns», schon wieder spricht mein Bär! Das ist doch alles unmöglich, ich kneife mich ins Bein, aua, ich bin hellwach, also kein Traum! Ich bewege mich zur Waage und helfe nun das Mehl abzuwiegen und in den Knetkessel zu schütten. Die Butter steht schon auf dem Herd und schmilzt in einem Topf. Der Nikolaus kommt mit der grossen Milchkanne und eine Schüssel mit Hefe steht auch schon bereit. Alles geht wie von Geisterhand vor sich. Auf dem Tisch liegt wieder das grosse Backbuch von Grossmutter mit der aufgeschlagenen Seite des Grättimänner Rezepts. «Wir haben keinen Zucker» sage ich zu Bonaffi, er zwinkert, diesmal mit dem braunen Auge und sagt: «Zucker bitte». Schon kommt eine Sackkarre mit einem grossen braunen Zuckersack um die Ecke... doch niemand steuert die Sackkarre! «Voila» sagt Bonaffi mit seiner zarten, leisen Stimme. Und so ist die erste Ladung Teig im Handumdrehen fertig. Kurz ruhen lassen und dann Grättimänner formen. Wie, fragte ich mich? In dem Moment geht die Küchentüre wieder auf und Grossmutters komplette Teddybärensammlung läuft wie eine Armee im Gänsemarsch ein. «Wir werden wieder mal gebraucht habe ich gehört» sagt der vorderste, ganz schwarze Bär. Ich bringe keinen Ton mehr raus. «Hallo Karl, schön bist Du da!». Teddybären sprechen mit mir! Ich muss träumen.

Nochmals kneife ich mich, schon wieder aua. «Das ist nicht nötig Karl, wir sind wirklich hier. Und das schon seit Jahrzehnten. Dein Grossvater meinte aber immer, du seist noch zu klein, um alles vom Goldenen Huhn zu wissen. Also jetzt heisst es aber vorwärts machen, wir wollen morgen ja glückliche Kinder haben in Steinhausen».

Alle Teddys laufen in einer Reihe an einem braun-weissen Bären vorbei und bekommen von ihm eine blaue Schürze und einen kleinen weissen Kochhut. Darauf ist das Goldene Huhn ganz glänzend aufgedruckt. Und dann läuft es in der Küche vom Goldenen Huhn wie in einer Grossbäckerei. Eine Schüssel Teig nach der anderen wird geknetet. Der grosse Klumpen Teig wird von fünf Teddys in gleichgrosse Stück zerteilt und diese fliegen in hohem Bogen auf den grossen Metalltisch in der Mitte der Küche. Da werden diese von weiteren Bären zu wundervollen Grättimännern geformt. Alle mit zwei Augen aus Rosinen. Von dort gehts weiter auf die Backbleche, die Männer werden mit Ei bepinselt und sofort zum Ofen weitergeschoben. Ofen auf, Blech rein, Ofen auf, Blech raus. Und so weiter und so weiter. Stundenlang kommt es mir vor. Den gebackenen Männern wird der Bauch mit einem heissen Zuckersirup bepinselt und so dürfen sie in ein Hagelzuckerbad. Und die letzten Teddys packen die fertigen Grättimänner in schöne, kleine Stofftüten ein. Diese kommen in grosse Jutesäcke, wie man es vom Nikolaus gewohnt ist. Als ich auf die Uhr schaue ist 04:00 Uhr morgens. Der Nikolaus nimmt die grossen Säcke mit den abgefüllten Männern und geht wortlos hinaus. Alle Teddys jubeln und singen zusammen. Es ist so eine großartige Stimmung in der Küche. Keiner ist müde. Alle lachen und sind einfach glücklich, zusammen das unmögliche geschafft zu haben. Ein alter, sehr grauer Teddy mit nur einem Ohr sagt: «1356 Grättimänner in fünf Stunden. Wir haben den Rekord gebrochen. Kompliment. Vor 34 Jahren waren wir langsamer». Nochmals bricht ein grosser Jubel aus unter allen Teddys. Ich bin nun auf einmal sehr müde. Bonaffi sieht mich und sagt leise zu mir: «Komm Karl, ich mach dir eine warme Schokolade im Restaurant vorne». Ich nicke und gehe mit ihm.

Die anderen Teddys sind bereits am Aufräumen und Putzen die Küche. Sie singen fröhliche Lieder dazu. Ich setze mich an den grossen runden Stammtisch mitten im Goldenen Huhn. Erhalte meine warme Schokolade serviert und Bonaffi setzt sich zu mir auf den Tisch. «Nun kennst du also schon ein paar Geheimnisse des Goldenen Huhns. Jahrelang durfte ich nichts zu dir sagen, als wir hier zu Besuch waren. So schön können wir nun zusammen reden!». «Aber wieso hast du zuhause nie mit mir geredet?» frage ich Bonaffi. Und er erzählt mir dann, dass er nur hier im Goldenen Huhn sprechen und sich bewegen kann. Sobald die Teddys rausgehen, erlischt der Zauber. Wir reden lange zusammen und er erzählt mir hunderte Geschichten von meinem Grossvater, von Urgrossvater und etlichen anderen Verwandten davor. Schliesslich muss ich dann eingeschlafen sein.

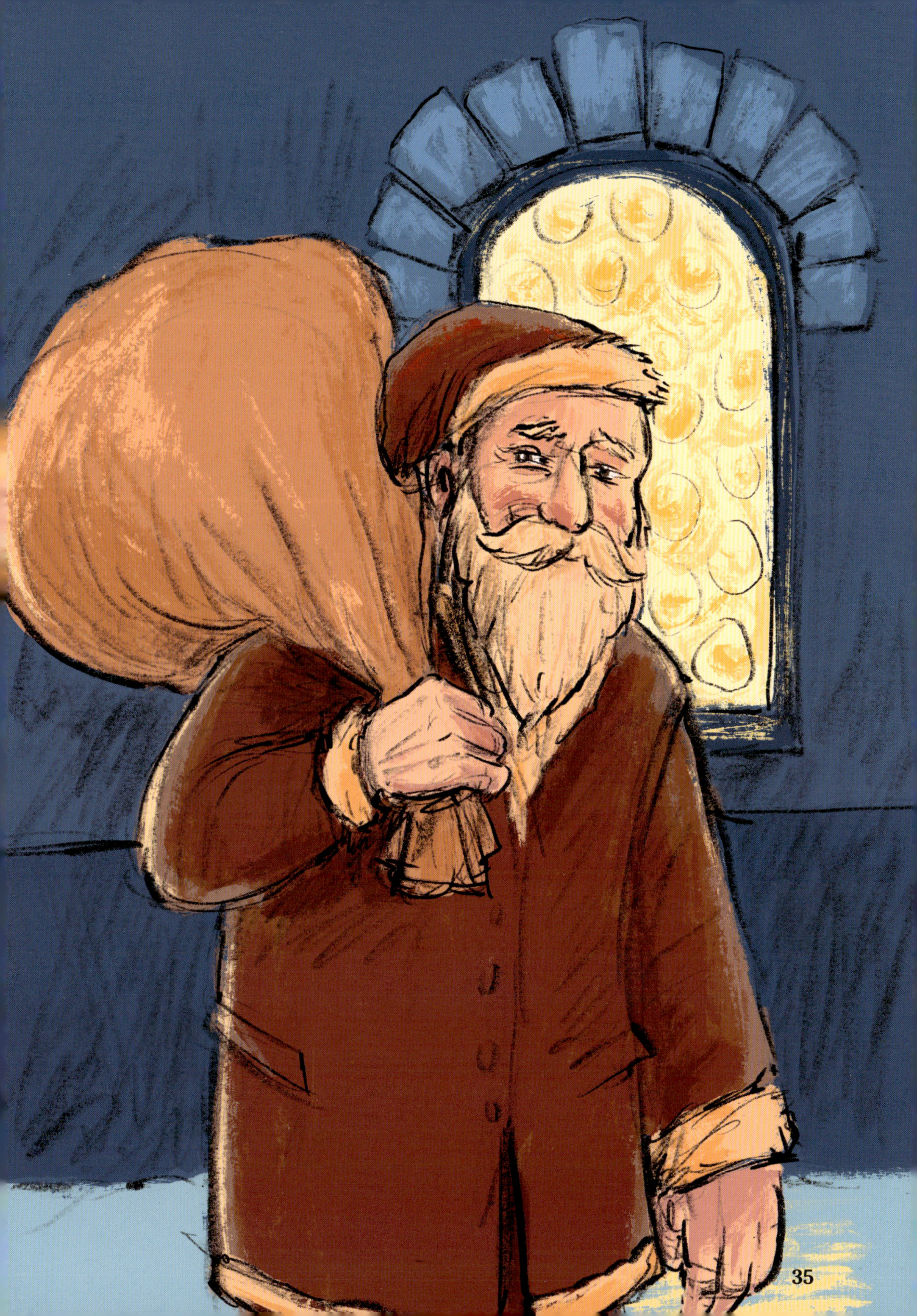

Als ich aufwache, spüre ich etwas auf meiner Schulter. Ich erschrecke als ich die riesige Hand sehe. «Alles gut» sagt eine warme Stimme zu mir. Es ist der Nikolaus, ich muss tief eingeschlafen sein und ihn nicht gehört haben, als er durch die schwere Eichentüre ins Restaurant zurückkam. «Alle Grättimänner sind verteilt und die Sonne wird bald aufgehen. Du hast mich gerettet und wirst damit hunderte Kinderaugen heute Morgen zum Funkeln bringen. Schön, dass du deinen Glauben nicht verloren hast. Hier ist ein kleines Dankeschön von mir für deine grosse Unterstützung». Er gibt mir einen kleinen, roten Stoffbeutel aus Samt. Ich mache ihn langsam auf und darin ist ein Grättimann. Wunderschön, aber nicht ein normaler, wie wir ihn zuvor zu Hunderten gebacken haben. Nein, er ist ganz schwer und aus Gold. «Bewahre ihn gut auf und denke immer an mich. Solltest Du einmal in Not sein kann er dir helfen. Ich werde immer in deiner Schuld stehen. Du hast einen wunderbaren Tag gerettet. Du bist ein ganz toller Junge Karl, vergiss das nie. Glaube immer an dich selbst und daran welche Ziele man alle zusammen erreichen kann. Fast nichts ist unmöglich.» Und so steht der Nikolaus auf und geht zur Eichentüre. Er dreht sich noch einmal um und bedankt sich auch noch bei Bonaffi und seinen Bärenkollegen für die grossartige Unterstützung. Er schaut mich nochmals an, zwinkert mir zu und sagt: «Und grüsse deine wunderbaren Grosseltern von mir». Dann geht er durch die grosse Türe und schliesst sie hinter sich. Ich bin so müde und glücklich, dass ich am Tisch wieder einschlafe, mit Bonaffi in meinen Armen.

Ende

37

Röslis Älpler Magronen

400 g Magronen
1 Esslöffel Salz
150 g Schinken oder Speck, vom Bauer Tschudin
200 g Kartoffeln   Süsskartoffeln
2 Zwiebeln
1 Esslöffel Butter
150 g geraffelter Emmentalerkäse
2,5 dl Vollrahm
wenig Salz und Pfeffer

In einem grossen Topf Wasser zum kochen bringen. Die Kartoffeln waschen, schälen und in 1,5 cm grosse Würfeli schneiden. Salz ins Wasser geben und die Magronen und die Kartoffelwürfeli darin «al dente» kochen. ca. 8-10 Minuten. Durch ein Sieb abschütten und beiseite stellen. Die Zwiebeln schälen, halbieren und in feine Streifen schneiden. Den Schinken in Streifen oder Würfeli schneiden. Die Butter im Kochtopf heiss machen und die Zwiebelstreifen schön hellbraun anbraten. Den Schinken dazugeben und mitbraten. Danach den Vollrahm zugeben, aufkochen und mit Salz und Pfeffer würzen. Zum Schluss die Magronen & Kartoffeln zugeben und den Käse daruntermischen. Bis er schöne Fäden zieht. Dazu feines, frisches Apfelmus aus den Äpfeln vom Bauer Tschudin essen.

First Ladys Pancakes

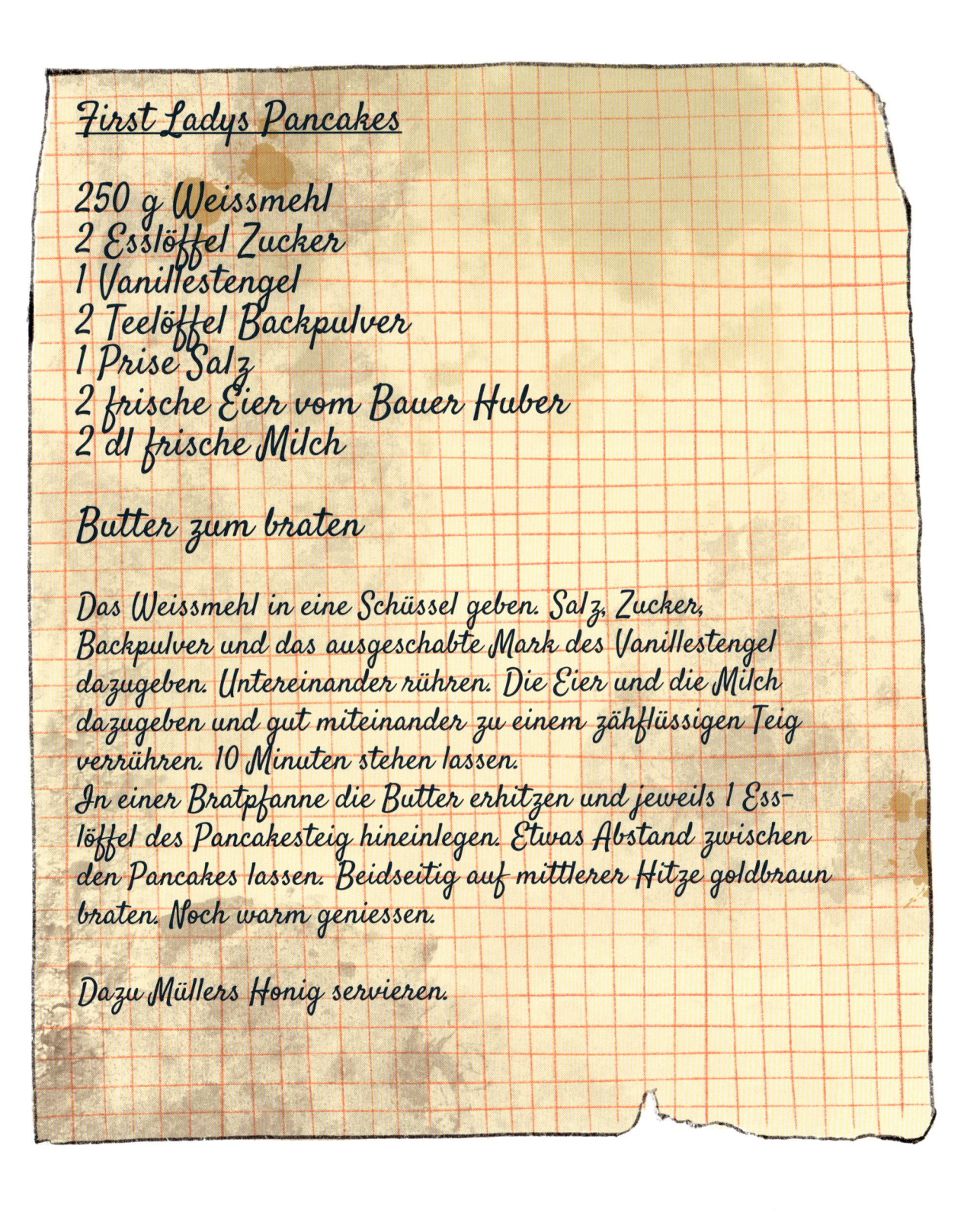

250 g Weissmehl
2 Esslöffel Zucker
1 Vanillestengel
2 Teelöffel Backpulver
1 Prise Salz
2 frische Eier vom Bauer Huber
2 dl frische Milch

Butter zum braten

Das Weissmehl in eine Schüssel geben. Salz, Zucker, Backpulver und das ausgeschabte Mark des Vanillestengel dazugeben. Untereinander rühren. Die Eier und die Milch dazugeben und gut miteinander zu einem zähflüssigen Teig verrühren. 10 Minuten stehen lassen.
In einer Bratpfanne die Butter erhitzen und jeweils 1 Esslöffel des Pancakesteig hineinlegen. Etwas Abstand zwischen den Pancakes lassen. Beidseitig auf mittlerer Hitze goldbraun braten. Noch warm geniessen.

Dazu Müllers Honig servieren.

Röslis Schoggikuchen

200 g Zucker
150 g Butter
6 frische Eier vom Bauer Huber
1 Prise Salz
200 g dunkle Schokolade
3 Esslöffel Wasser
250 g gemahlene Mandeln
Schokolade für die Glasur (braun, schwarz oder weiss)

Den Backofen auf 170 Grad vorheizen. Die zimmerwarme Butter mit dem Zucker in einer grossen Schüssel schaumig rühren. Die Eier in Eigelb und Eiweiss trennen. Das Eigelb zur Butter geben und zusammen mit der Prise Salz gut vermischen. Die Schokolade zerkleinern und mit dem Wasser in einer Metallschüssel, über heissem Wasser, schmelzen. Danach die Schokolade und die Mandeln zur Ei-Buttermasse geben und wieder gut mischen. Das Eiweiss steif schlagen und vorsichtig unter den Teig mischen. Eine runde Tortenform mit wenig Butter auspinseln und den Teig einfüllen. Im Ofen bei 170 Grad ca. 45 Minuten backen. Auskühlen lassen. Die Schokolade für die Glasur ebenfalls schmelzen und über den ausgekühlten Kuchen giessen. Mindestens eine Stunde stehen lassen und geniessen. Nach Belieben weiter dekorieren.

Grättimanne nach Rezept des N.

500 g Weissmehl
1 Teelöffel Salz
2 Teelöffel Zucker
60 g weiche Butter
20 g frische Hefe
3 dl frische Milch
1 Eigelb

Das Weissmehl in eine grosse Schüssel geben und mit dem Salz und Zucker gut vermischen. Die weiche Butter in Flocken dazugeben. In einer kleinen Schüssel die Hefe in der Milch auflösen und ebenfalls zum Weissmehl geben. Alles zusammenfügen und einen glatten, geschmeidigen Teig kneten. Mit einem feuchten Tuch zugedeckt 30 Minuten an einem warmen Ort stehen lassen und auf das doppelte aufgehen lassen.
Den Teig in gleichgrosse Stücke aufteilen und daraus fröhliche Grättimanne formen. Schön verzieren und mit Eigelb bestreichen. Im Ofen bei 180 Grad während ca. 15 Minuten backen.

Impressum:

Text & Idee:
© by Peter Rüfenacht, Riehen

Illustrationen & Gestaltung:
Mattia Jonathan Serena, Basel

Druck- und Verarbeitung:
rombach digitale manufaktur, 79098 Freiburg i. Br.

Erschienen 2023 by yellowcook GmbH

ISBN 978-3-033-09596-0